ARTICLES

POUR LA

Cause des 32 Religieuses

GUILLOTINÉES A ORANGE

EN 1794

AVIGNON

AUBANEL FRÈRES, IMPRIMEURS DE NOTRE SAINT PÈRE LE PAPE

ET DE MONSEIGNEUR L'ARCHEVÊQUE

1901

ARTICLES

POUR LA

Cause des 32 Religieuses

GUILLOTINÉES À ORANGE

EN 1794

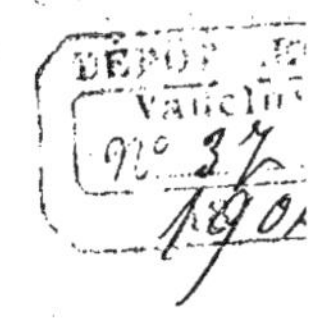

AVIGNON

AUBANEL FRÈRES, IMPRIMEURS DE NOTRE SAINT PÈRE LE PAPE

ET DE MONSEIGNEUR L'ARCHEVÊQUE

1904

AVENIONEN

Beatificationis seu Declarationis Martyrii 32 Servarum Dei Mariæ-Rosæ et Sociarum ejus Monialium e Monasteriis locorum vulgo dictorum (Caderousse, Bollène, Pont-Saint-Esprit, Avignon, Carpentras, Pernes et Sisteron), Arausione, mense Julio 1794, *in odium Fidei interfectarum.*

Positiones et Articulos infrascriptos dat, exhibet atque producit R. D. Maria-Josephus-Paulus-Augustus Meffre, Protonotarius Apostolicus, Signaturæ papalis Justitiæ Referendarius, Postulator specialiter constitutus in Causa Beatificationis et canonizationis servarum Dei :

MARIÆ-ROSÆ, (in seculo SUZANNÆ-AGATHÆ DE LOYE), in parœcia dicta *Serignan*, die 4ᵉ februarii 1741, ingressæ in monasterium Ordinis Sᵗⁱ Benedicti Caderussiœ (à Caderousse), in quo professionem emisit, anno 1761, obtruncatœ die 6ᵃ julii 1794, et 31 sociarum ejus, nempè :

1º *IPHIGENIÆ SANCTI MATHÆI* (in seculo FRANCISCÆ-GABIELÆ-MARIÆ-SUZANNÆ DE GAILLARD). natæ Abolenæ (à Bollène) die 23ᵃ septembris 1761, ingressæ in monasterium Sᵗⁱ Sacramenti Abolenæ in quo professionem emisit, die 13 februarii 1780, obtruncatæ die 7ᵃ julii 1794.

2º *MELANIÆ*, (in seculo MARIÆ-ANNÆ-MAGDALENÆ DE GUILHER-MIER), natæ Abolenæ die 29ᵃ junii 1733, ingressæ in monasterium Sanctæ Ursulæ Abolenæ, in quo professionem emisit, die 22 Junii 1750, obtruncatæ die 9ᵃ julii 1794.

3º *AB ANGELIS*, (in seculo MARIÆ-ANNÆ-MARGARITÆ DE ROCHER), natæ Abolenæ, die 20ᵃ januarii 1755, ingressæ in supradictum monasterium, in quo professionem emisit, die 21 septembris 1772, obtruncatæ die 9ᵃ julii 1794.

4° *SOPHIÆ*, (in seculo Mariæ-Gertrudis de RIPERT d'ALAUZIER), natæ Abolenæ die 15ᵃ novembris 1757, ingressæ in prædictum monasterium in quo professionem emisit, die 1ᵃ Augusti 1775, obtruncatæ die 10ᵃ julii 1794.

5° *A SANCTO LUDOVICO*, (in seculo Sylviæ-Agnetis de ROMILLON), natæ Abolenæ die 15ᵃ martii 1750, ingressæ in prædictum monasterium Sanctæ Ursulæ, in quo professionem emisit, die 11 septembris 1767, obtruncatæ die 10 julii 1794.

6° *PELAGIÆ*, (in seculo Rosaliæ-Clotildis BÈS), natæ in paræcia dictà *Baume-de-Transit*, die 30ᵃ junii 1752, ingressæ in monasterium Sancti Sacramenti Abolenæ in quo professionem emisit, die 3 junii 1773, obtruncatæ die 11 julii 1794.

7° *THEOTISTÆ*, (in seculo Mariæ-Elisabeth PÉLISSIER), natæ Abolenæ, die 15 avril 1741, ingressæ in prædictum monasterium in quo professionem emisit, die 25 junii 1759; obtruncata fuit die 11ᵃ julii 1794.

8ᵃ *A SANCTO MARTINO*, (in seculo Mariæ-Claræ BLANC), natæ Abolenæ die 17 januarii 1742, ingressæ in prædictum monasterium, in quo professionem emisit, die 5 decembris 1762, obtruncata fuit die 11 julii 1794.

9° *SOPHIÆ*, (in seculo Mariæ-Margaritæ de BERBEGIE d'ALBARÉDE), natæ in paræcia dicta *S. Laurent-de-Carnols* in diœcesi Nemausensi, die 8ᵃ octobris 1740, ingressæ in monasterium Sanctæ-Ursulæ in loco dicto *Pont-Saint-Esprit*, detruncatæ die 11 julii 1794.

10° *ROSÆ A SANCTO XAVERIO*, (in seculo Magdalenæ-Theresiæ TALIEU), natæ Abolenæ die 13 septembris 1746, ingressæ in monasterium Sancti Sacramenti ejusdem civitatis, in quo professionem emisit, die 5 decembris 1771; obtruncata fuit die 12 julii 1794.

11° *A BONO ANGELO* (in seculo Mariæ CLUZE), natæ in parœcia dicta Bouvante, in diœcesi Valentinensi, die 5ᵃ decembris 1761 ingressæ in prædictum monasterium, in quo professionem emisit, die 4 novembris 1783, obtruncata fuit die 12 julii 1794.

12° *MARIÆ A SANCTO HENRICO,* (in seculo Margaritæ-Eleonoræ de JUSTAMOND), natæ Abolenæ, die 12ª januarii 1746, ingressæ, in monasterium Sanctæ Catharinæ Ordinis Cisterciensis, Avenione, in quo professionem emisit, die 12ª januarii 1766, obtruncatæ die 12ª julii 1794.

13° *A SANCTO BERNARDO,* (in seculo Joannæ de ROMILLON), natæ Abolenæ, die 2ª julii 1753, ingressæ in monasterium Sanctæ Ursulæ, in civitate vulgò dictà (*Pont-Saint-Esprit*); obtruncata fuit die 12ª julii 1794.

14° *MAGDALENÆ A MATRE DEI,* (in seculo Elizabeth VER-CHIÈRE), natæ Abolenæ die 2ª januarii 1769, ingressæ in monasterium Sancti Sacramenti in eàdem civitate, in quo professionem emisit, die 21 februarii 1790, obtruncatæ die 13ª julii 1794.

15° *AB ANNUNTIATIONE,* (in seculo Theresiæ-Henricæ FAURIE), natæ in parœcià dictà *Sérignan,* die 13 februarii 1770, ingressæ in prædictum monasterium, in quo professionem emisit, die 17 novembris 1789; obtruncata fuit die 13ª julii 1794.

16° *A SANCTO ALEXIO,* (in seculo Annæ-Andréæ MINUTTE), natæ in eàdem parœcià, die 4ª februarii 1740, ingressæ in prædictum monasterium, in quo professionem emisit, die 26 maii 1761, obtruncata fuit, die 13ª julii 1794.

17° *A SANCTO FRANCISCO,* (in seculo Mariæ-Annæ LAMBERT), natæ in parœcià dictà Pierrelatte, in diœcesi Valentinensi, die 17 augusti 1742, ingressæ in prædictum monasterium, in quo professionem emisit, die 8 octobris 1765, obtruncatæ die 13ª julii 1794.

18° *FRANCISCÆ,* (in seculo Mariæ-Annæ DEPEYRE), natæ in parœcià dictà *Tulette,* in diœcesi Valentinensi, die 2ª octobris 1756, ingressæ in monasterium Sanctæ Ursulæ, in civitate carpentoractensi (Carpentras) anno 1782, obtruncatæ die 13 julii 1794.

19° *A SANCTO GERVASIO,* (in seculo Mariæ-Anastasiæ de RO-QUARD), Antistitæ, natæ Abolenæ, die 5 octobris 1749, ingressæ in monasterium Sanctæ Ursulæ, in quo professionem emisit, die 24 junii 1766, in eàdem civitate; obtruncata fuit, die 13ª julii 1794.

**

20° *AMATÆ A JESU*, (in seculo MARGARITÆ-ROSÆ DE GORDON), vice Antistitæ, natæ in oppido dicto *Mondragon*, die 29ᵃ septembris 1733, ingressæ in monasterium Sancti Sacramenti Abolenæ, in quo professionem emisit, die 20 februarii 1752, obtruncatæ die 16ᵃ julii 1794.

21° *MARIÆ A JESU*, (in seculo MARGARITÆ-THERESIÆ CHARRAN-SOL), natæ in loco dicto *Richerenches*, die 28ᵃ februarii 1758, ingressæ in prædictum monasterium, in quo professionem emisit, die 15 novembris 1781, obtruncata fuit die 16ᵃ julii 1794.

22° *A SANCTO JOACHIM*, (in seculo MARIÆ-ANNÆ BÉGUIN-ROYAL), natæ in loco dicto *Vals-Sainte-Marie*, in Delphinatu, anno 1736, ingressæ in prædictum monasterium, in quo professionem emisit, die 26 maii 1761, obtruncatæ die 16ᵃ julii 1794.

23° *A SANCTO MICHAELE*, (in seculo MARIÆ-ANNÆ DOUX), natæ Abolenæ, die 8ᵃ aprilis 1739, ingressæ in monasterium Sanctæ Ursulæ ejusdem civitatis, in quo professionem emisit, die 30 junii 1761, obtruncatæ du 16ᵃ julii 1794.

24° *A SANCTO ANDREA*, (in seculo MARIÆ-ROSÆ LAYE), natæ Abolenæ, die 26 septembris 1728, ingressæ in prædictum monasterium, in quo professionem emisit, die 14 januarii 1753, obtruncatæ die 16ᵃ julii 1794.

25° *E CORDE MARIÆ*, (in seculo DOROTHEÆ-MAGDALENÆ-JULIÆ DE JUSTAMOND), natæ Abolenæ, die 27ᵃ maii 1743, ingressæ in monasterium Sanctæ Ursulæ, in civitate Paternensi (Pernes), obtruncatæ die 16ᵃ julii 1794.

26° *MAGDALENA A SANCTO SACRAMENTO*, (in seculo MAGDALENÆ FRANCISCÆ DE JUSTAMOND), natæ Abolenæ, die 26ᵃ julii 1754, ingressæ in Ordinem Cisterciensem, in monasterio Sanctæ Catharinæ, Avenione; in quo professionem emisit, die 24 octobris 1773, obtruncata fuit die 16ᵃ julii 1794.

27° *A SANCTO AUGUSTINO*, (in seculo MARGARITÆ BONNET), natœ in parœcià dictà *Sérignan*, die 19 junii 1719, ingressæ in monasterium Sancti Sacramenti in civitate Abolenæ, in quo professionem emisit, die 29 maii 1752, obtruncatæ die 26 julii 1794.

28º *CATHARINÆ A JESU*, (in seculo Mariæ-Magdalenæ de JUSTA-MOND), natæ Abolenæ, die 10 septembris 1724, ingressæ in monasterium Sanctæ Ursulæ, in civitate dictà *Pont-Saint-Esprit*, in diœcesi Nemausensi, obtruncatæ die 26 julii 1794.

29º *A SANCTO BASILIO*, (in seculo Annæ CARTIER), natæ in civitate dictà *Livron*, die 19ª novembris 1733, in diœcesi Valentinensi, ingressæ in prædictum monasterium, obtruncatæ die 26 julii 1794.

30º *ROSALIÆ*, (in seculo Mariæ-Claræ du BAC), natæ in loco dicto *Laudun*, in diœcesi Nemausensi, die 9ª januarii 1727, ingressæ in monasterium Sanctæ Ursulæ, in civitate Abolenæ, in quo professionem emisit, die 12 februarii 1746, obtruncatæ die 26ª julii 1794.

31º *A CORDE JESU*, (in seculo Elizabeth-Theresiæ CONSOLIN), Antistitæ monasterii Sanctæ Ursulæ, in civitate Sistarciensi, nunc in diœcesi Diniensi, natæ in civitate dicta Courthézon, in diœcesi Avenionensi, die 6ª junii 1736; obtruncata fuit die 26 julii 1794.

Postulator idem petit et instat sequentes Positiones seu articulos ad probandum admitti, ac testes super iisdem examinari, jura et monumenta ad causam facentia extrahi, et quatenus opus sit produci et compulsari, aliaque fieri necessaria et opportuna, reservata sibi facultate Articulos addendi, minuendi, explicandi, corrigendi; non se tamen astringens ad onus superfluæ probationis, de quo expressè et solemniter protestatur, non solùm isto, sed et omni meliori modo.

Ad faciliorem autem et communem testium intelligentiam gallico idiomate Articulos ponit.

ARTICLES

1. C'est la vérité que deux monastères furent fondés à Bollène, ville principale du diocèse de Saint-Paul-Trois-Châteaux, dans le Comté Venaissin : celui des Ursulines en 1609, et celui des Sacramentines en 1725 ;

Que ces deux Communautés furent nombreuses, qu'elles édifiaient tout le pays, et qu'elles rendaient de précieux services, en se dévouant à l'éducation des jeunes filles ;

Qu'elles étaient en pleine ferveur et prospérité, lorsque la Révolution française éclata, en 1789,

Comme il sera prouvé par des documents contemporains.

2. C'est la vérité que, tandis qu'en France on persécutait la Religion catholique, en mettant à exécution les lois votées par *l'Assemblée Constituante* et *l'Assemblée Législative*, contre le clergé séculier et les Ordres religieux ; le Comté Venaissin, dont Bollène faisait partie, étant une possession du Pape, quoique troublé par quelques dissensions, jouit d'assez de tranquillité jusqu'à ce qu'il fût annexé à la France.

Comme il sera prouvé par l'histoire et les lois de cette époque.

3. C'est la vérité que la persécution religieuse commença dans le Comté Venaissin, lorsque cet Etat fut enlevé au Pape et réuni à la France, par l'Assemblée Constituante, le 14 septembre 1791 ; et surtout lorsque, au printemps de l'année suivante 1792, on y mit à exécution les lois révolutionnaires, portées contre le clergé et les Ordres religieux : on exigea des prêtres en fonctions le serment schismatique, prescrit par la *Constitution civile du clergé*, on déclara déchus de leurs fonctions ceux qui refusaient de prêter ce serment, on les remplaça par des intrus jureurs, et on força les prêtres fidèles à s'expatrier, sous peine d'être déportés à la Guyane.

Comme il sera prouvé.

4. C'est la vérité que, jusque vers le milieu de l'année 1792, les Religieuses de Bollène vécurent tranquilles dans leurs monastères ; mais qu'a partir de cette époque, on leur fit subir les lois qui supprimaient les Ordres religieux et confisquaient leurs biens. On vint les tracasser, en faisant l'inventaire de leurs archives, de leurs meubles, et de leurs domaines, que l'on séquestra, et dont on leur enleva la jouissance.

Comme il sera prouvé.

5. C'est la vérité que la persécution religieuse devint beaucoup plus violente, lorsque, le 21 septembre 1792, la *Convention* succéda à *l'Assemblée législative*, et fit rigoureusement mettre à exécution les lois les plus persécutrices votées par les deux Assemblées précédentes, et spécialement les lois des 17 et 18 août 1792 qui abolissaient les costumes ecclésiastiques et religieux, et prescrivaient aux religieuses de sortir, le 1er octobre suivant, de leurs monastères que l'on devait mettre en vente.

Comme il sera prouvé.

6. C'est la vérité que le 13 octobre 1792, les Ursulines et les Sacramentines de Bollène furent forcées à sortir de leurs monastères, et qu'au lieu de se disperser ou de se retirer dans leurs familles, elles restèrent à Bollène, où elles louèrent des maisons dans lesquelles chacune des deux Communautés put, pendant dix-huit mois, au milieu de toute sorte de peines et de privations, continuer à observer sa Règle et à faire tous les exercices de sa vie religieuse, en édifiant toute la population, par le bon exemple de leur fidélité à remplir tous leurs devoirs de chrétiennes et de religieuses.

Comme il sera prouvé.

7. C'est la vérité, qu'à la *Convention*, les Jacobins, lorsqu'ils eurent écrasé les Girondins, firent des lois encore plus terribles contre les prêtres, les religieuses et les catholiques : Le 24 avril et le 21 octobre 1793, ils aggravèrent la loi de la déportation à l'égard des prêtres : ceux qui, ayant émigré ou ayant été déportés, rentraient en France, étaient saisis et punis de mort dans les vingt-quatre heures. Ceux qui les dénonçaient recevaient en récompense la somme de cent francs, ceux qui les cachaient ou favorisaient leur fuite étaient punis de mort.

Le 17 septembre 1793, ils firent la loi des *suspects* : « Etaient réputés *suspects*, tous ceux qui soit par leur conduite, soit par leurs relations, soit par leurs propos et leurs écrits se sont montrés partisans de la tyrannie et ennemis de la Liberté. Des Comités de surveillance étaient nommés dans tous les cantons, et chargés de dresser les listes des *suspects* et de les faire emprisonner ». Des tribunaux révolutionnaires étaient créés pour juger et condamner les *suspects*.

C'était le règne de la *Terreur*.

Le 24 octobre, ils abolirent le calendrier Grégorien ; plus de fêtes ; le dimanche était remplacé par le décadi. Le repos du dimanche ou sa sanctification étaient des preuves de Fanatisme, qui rendaient *suspect* et étaient punies comme telles.

***

Le 10 novembre, ils décrétèrent que l'Église métropolitaine de Paris serait affectée au culte de la Raison, et le 16 du même mois, ils autorisaient les Communes *à renoncer au culte public*, et à s'emparer des presbytères et des églises, pour les faire servir au soulagement de l'humanité souffrante et à l'instruction publique.

C'était la suppression du culte catholique, les curés intrus abdiquaient leurs fonctions. On pillait, on fermait les églises; on en réservait quelques unes, pour servir de temple au culte impie et tout laïque de la déesse Raison.

On fit alors de nouvelles lois pour persécuter les religieuses: par les décrets des 3 octobre, et 9 nivose, 29 décembre 1793, elles furent assujéties au serment de *Liberté-Egalité*; celles qui refusaient de le prêter, étaient réputées *suspectes*, et traitées comme telles, c'est-à-dire emprisonnées et traduites devant les tribunaux révolutionnaires, qui étaient expéditifs dans leurs sentences de mort.

Alors aussi la *Convention* donnait à ses membres les plus féroces, la mission d'aller dans les départements, avec pleins pouvoirs pour presser l'application des lois les plus sanglantes. Elle envoya le représentant Maignet dans le département de Vaucluse, pour y faire régner la *Terreur*.

Comme il sera prouvé.

8. C'est la vérité que les Religieuses de Bollène, après avoir été expulsées de leurs couvents, purent rester dans cette ville, et pendant dix-huit mois, vivre en communauté dans des maisons qu'elles avaient louées; mais lorsque la loi du 9 nivose les eut assujéties au serment, le représentant du peuple Maignet leur en fit subir toute la rigueur. Deux fois la Municipalité de Bollène leur signifia l'ordre de prêter le serment de *Liberté-Egalité*, et deux fois elles s'y refusèrent toutes, parce que, surtout dans les circonstances où l'on était alors, il leur parut que ce serment était illicite, et que le prêter ce serait une grande cause de scandale et une véritable apostasie.

En conséquence de leur refus, le Comité de surveillance de Bollène délibéra, le 17 avril 1794, et décida que toutes les cy-devant religieuses qui ont refusé de prêter le serment requis, seront mises en état d'arrestation dans les maisons qu'elles habitent, jusqu'à ce que le Comité ait fixé le jour de leur traduction à Orange, pour être enfermées dans là maison nationale que le district a fait préparer, pour recevoir les personnes *suspectes*.

Comme il sera prouvé.

9. C'est la vérité que les mandats d'arrêts furent signés, le jour de Pâques 20 avril, et signifiés à chaque religieuse, le mardi suivant. Qu'aucune religieuse ne chercha à fuir, ou à se cacher; que quelques-unes qui étaient momentanément dans leurs familles vinrent rejoindre leurs sœurs; qu'elles attendirent volontairement le jour, où on les transfèrerait à Orange; que 29 d'entre elles furent conduites, le 2 mai, à Orange, dans la prison de la *Cure*, où elles trouvèrent de nombreuses femmes prisonnières; qu'au moment de leur départ de Bollène, un brave homme ne put s'empêcher de s'écrier: *Pauvres victimes conduites à la boucherie!*

Comme il sera prouvé.

10. C'est la vérité que, pour faire juger et condamner rapidement les nombreux *suspects* emprisonnés à Orange, Maignet demanda à Robespierre, qui dominait alors à la Convention et au Comité de Salut public, et obtint l'établissement, dans cette ville, d'un tribunal révolutionnaire, appelé *Commission populaire*, et composé d'un président et de quatre juges nommés pour juger, « *les ennemis de la Révolution, en n'ayant d'autre règle que leur conscience. Les ennemis de la Révolution*, ajoutait Robespierre dans *l'Instruction* qu'il rédigea et fit adresser aux juges, *sont tous ceux qui ont cherché à contrarier la marche de la Révolution, et à empêcher l'affermissement de la République. La peine de ce crime, c'est la mort.*

Cette *Commission populaire* tint sa première séance, le 19 juin 1794, et sa dernière, le 4 août, huit jours après la mort de Robespierre, et en 44 séances, elle condamna à mort et fit guillotiner 332 victimes, parmi lesquelles il y eut 33 prêtres et 32 religieuses.

Les juges de ce tribunal avaient fait horreur; ils furent à leur tour emprissonnés, jugés par le tribunal d'Avignon, condamnés à mort et guillotinés le 25 juin 1795, sur la place du Palais. Trois d'entre eux se confessèrent et moururent repentants.

Comme il sera prouvé.

11. C'est la vérité que, tout de suite après la mort des 32 Religieuses guillotinées à Orange, une Relation en fut faite; qu'il en existe encore des copies manuscrites très anciennes, dont trois portent en tête la date du 14 août 1794, dix-huit jours après la mort de la dernière Religieuse; que cette Relation fut publié à Rome, en 1795, dans le tome 1er, partie 2me des *Mémoires pour servir à l'histoire de la persécution française, recueillis par ordre de Notre Saint Père le Pape Pie VI, par M, l'abbé d'Hesmivy d'Auribeau, imprimés à Rome à l'imprimerie de Louis Perego Salvioni MCCXCV.*

Comme il sera prouvé.

12. C'est la vérité que d'après cette Relation et les autres copies manuscrites de la Relation du 14 août 1793, les Religieuses emprisonnées à Orange, ne doutant pas qu'elles ne fussent destinées au martyre, se préparèrent, sans délai, à faire à Dieu le sacrifice de leur vie, en suivant toutes la même règle, le même plan de vie religieuse. Elles avaient fait de leur prison un monastère, où elles pratiquaient toutes les observances et les vertus religieuses.

Lorsque, le 6 juillet, Suzanne de Loye eut été la première appelée devant le tribunal, condamnée et guillotinée, toutes les Religieuses s'attendirent, chaque jour, à subir le même sort; elles faisaient les exercices de la préparation à la mort; elles enviaient le bonheur de celles qui étaient mandées devant le tribunal, et de là, conduites à l'échafaud; elles priaient pour celles qui allaient mourir; mais le soir, lorsqu'elles avaient consommé leur sacrifice, celles qui restaient dans la prison se réjouissaient, et chantaient le *Te Deum*, pour remercier Dieu de ce que quelques unes d'entre elles venaient d'être admises aux *noces de l'Agneau sans tache*.

Comme il sera prouvé.

13. C'est la vérité que la *minute* des jugements rendus par la *Commission populaire*, écrite par le greffier et signée à chaque jugement par le Président et les quatre juges, se trouve déposée au greffe du tribunal de Carpentras, ou on l'appelle le *Dossier rouge*.

Que ces jugements ont été imprimés à Orange en 1794, et que leur collection complète se trouve à la bibliothèque du Musée Calvet à Avignon;

Que d'après ces pièces officielles, Viot, l'accusateur public, a seulement accusé les 32 Religieuses d'être les ennemies de la Révolution, parce qu'elles étaient *fanatiques*, c'est-à-dire fidèles à leurs vœux de chrétiennes et de religieuses, et parce qu'elles refusaient de *prêter le serment* prescrit par la loi;

et que c'est uniquement pour ces deux motifs, que les juges les ont condamnées à mort et fait guillotiner.

Comme il sera prouvé.

14. C'est la vérité que les 32 Religieuses interrogées par les juges de la Commission populaire, et vivement engagées à prêter le serment prescrit, ce qui, leur disaient-ils, les aurait innocentées, s'y refusèrent énergiquement, sachant bien que ce refus allait être immédiatement suivi de leur condamnation à mort.

Comme il sera prouvé.

15. C'est la vérité, qu'après leur condamnation à mort, les 32 Religieuses témoignèrent une grande joie, remercièrent leurs juges, et rendirent par leur exemple et leurs prières le courage et la résignation aux malheureux, qui avaient été condamnés avec elles, et se trouvaient vivement portés au désespoir.

Comme il sera prouvé.

16. C'est une vérité que les 32 Religieuses allèrent à l'échafaud en chantant, et firent à Dieu le sacrifice de leur vie avec bonheur, parce qu'elles avaient la confiance que leur mort allait leur ouvrir les portes du ciel.

Comme il sera prouvé.

17. C'est la vérité que la *sœur MARIE-ROSE Suzanne Agathe de Loye* naquit le 4 février 1741 à Sérignan, où elle fut baptisée le même jour. En 1761, elle fit profession dans l'Ordre de Saint-Benoit, au couvent des Bénédictines de Caderousse, et elle y reçut le nom de *sœur Marie Rose*. Elle resta dans son couvent aussi longtemps que possible. Lorsque elle fut forcée d'en sortir, elle se retira dans sa famille à Sérignan. Le 10 mai 1794, le Comité de surveillance de ce pays la fit mettre en arrestation avec deux religieuses et le chanoine Lusignan, et les fit conduire dans les prisons d'Orange. Elle y trouva les Religieuses de Bollène, et elle se prépara comme elles à la mort par la pratique des vertus de la vie religieuse.

Le 17 messidor 5 juillet 1794, elle fut la première des Religieuses qui fut appelée à comparaître devant les juges. Déjà à Sérignan elle avait refusé de prêter le serment prescrit. Ce refus et son *Fanatisme* furent les seuls griefs que l'accusateur public lui imputa.

La séance ayant été renvoyée au jour suivant, le lendemain les juges déclarèrent que *Suzanne de Loye* était convaincue de n'avoir pas prêté le serment prescrit, la condamnèrent à mort et la firent guillotiner, ce même jour, 6 juillet. Le chanoine Lusignan fut jugé et guillotiné le même jour. Suzanne de Loye l'encouragea vivement à refuser de prêter le serment demandé.

Comme il sera prouvé.

18. C'est la vérité que la *sœur IPHIGÉNIE DE SAINT-MATHIEU*, (*Françoise-Gabrielle-Marie-Suzanne DE GAILLARD*), naquit à Bollène, le 23 septembre 1761, et y fut baptisée le lendemain; elle entra au couvent des sœurs du Saint-Sacrement de cette ville, le 16 novembre 1778, elle reçut l'habit religieux, le 11 février 1779, et fit profession le 13 février de l'année suivante.

Au mois d'octobre 1792, lorsqu'on la força avec ses compagnes à sortir de son couvent, elle continua de vivre avec elles en communauté.

Mise en arrestation, le 22 avril 1794, dans la maison qu'elle habitait à Bollène, elle fut transférée le 2 mai, dans la prison de la Cure à Orange. Là elle se prépara à faire à Dieu le sacrifice de sa vie. Le 7 juillet, elle comparut la première des religieuses sacramentines devant la Commission populaire d'Orange. Elle fut accusée d'être fanatique et insermentée. Le président insista pour lui faire prêter serment, mais il la trouva ferme et inébranlable dans son refus. Elle fut condamnée à mort et guillotinée le même jour.

Comme il sera prouvé.....

19. C'est la vérité que la *sœur SAINTE-MÉLANIE (Marie-Anne-Marguerite DE GUILHERMIER)*, naquit à Bollène. le 29 juin 1733, et y fut baptisée le lendemain. A l'âge de 16 ans, elle fut admise au couvent des Ursulines de Bollène, où elle fit profession le 22 juin 1750.

Le 13 octobre 1792, elle fut forcée à sortir de son couvent, et elle continua de vivre en communauté.

Mise en arrestation à Bollène, le 22 avril 1794, elle fut transférée, le 2 mai, dans la prison de la Cure à Orange. Elle comparut, le 9 juillet, devant la *Commission populaire*. Accusée d'être fanatique et insermentée elle fut condamnée à mort et guillotinée le même jour.

Comme il sera prouvé.

20. C'est la vérité que la *sœur DES ANGES (Marie-Anne-Marguerite DE ROCHER)*, naquit à Bollène, le 20 janvier 1755, et y fut baptisée le surlendemain. A l'âge de 16 ans, elle entra au couvent des Ursulines de Bollène et elle y fit profession, le 21 septembre 1772. Avec ses compagnes elle fut expulsée de son couvent le 13 octobre 1792. Elle se retira quelque temps chez son père, âgé de 80 ans. Lorsqu'elle se vit exposée au danger d'être emprisonnée, elle demanda à son père si elle devait se cacher. Elle reçut cette belle réponse : « Vous n'êtes pas sur le trône pour vous, mais pour votre peuple. » Elle se réunit aux sœurs de sa Communauté, et fut avec elles mise en arrestation et transférée, le 2 mai 1794, dans la prison de la Cure à Orange. Elle fut traduite, le 9 juillet, devant la *Commission populaire*; accusée d'être réfractaire à la loi qui prescrivait le serment et de propager le fanatisme, elle fut condamnée à mort et guillotinée le même jour. Dieu lui avait fait connaître le jour de sa mort, et après sa condamnation, elle remercia ses juges de ce qu'ils lui procuraient le bonheur d'aller se réunir aux saints Anges.

Comme il sera prouvé.....

21. C'est la vérité que la *sœur SAINTE-SOPHIE (Marie-Gertrude DE RIPERT D'ALAUZIER)*, naquit à Bollène, le 15 novembre 1757, et y fut baptisée le lendemain, elle entra au couvent des Ursulines de Bollène, et y fit profession. le 1er août 1775. Expulsée de son couvent en 1792, elle fut transférée, le 2 mai 1794, dans la prison de la Cure à Orange. Elle eut le pressentiment de sa mort, et elle fut transportée de joie. Elle fut jugée le 10 juillet, et condamnée à mort pour avoir refusé de prêter le serment exigé par la loi du 9 nivôse. Elle remercia ses juges du bonheur qu'ils lui procuraient, et baisa la guillotine en y montant.

Comme il sera prouvé.....

22. C'est la vérité que la *sœur SAINT-LOUIS (Sylvie-Agnès DE ROMILLON)* naquit à Bollène le 15 mars 1750, et y fut baptisée le même jour. Elle fut admise au couvent des Ursulines de Bollène, où elle fit profession le 11 septembre 1767. Expulsée de son couvent en 1792, elle fut conduite, le 2 mai 1794, dans la prison de la Cure à Orange. Elle désirait de mourir pour son Dieu, et elle s'offrait à partir, chaque fois que le geolier faisait l'appel. Elle fut appelée devant ses juges, le 10 juillet. Sa sœur cadette, Jeanne de Romillon, se plaignit de ce qu'elle allait au martyre sans elle. « Courage, ma sœur, lui répondit Agnès, vous me suivrez bientôt. » Accusée d'être insermentée et fanatique, elle fut condamnée à mort et guillotinée le même jour.

Comme il sera prouvé.

23. C'est la vérité que la *sœur SAINTE PÉLAGIE (Clotilde BÈS)*, naquit à Baume-de-Transit (Drôme), le 30 juin 1752, et y fut baptisée le même jour. Elle fut admise au couvent du Saint-Sacrement de Bollène, à l'âge de 19 ans, le 4 mars 1772; elle reçut l'habit religieux le 1er juin suivant et elle fit profession le 3 juin 1773.

Expulsée de son couvent, le 13 octobre 1792, elle continua de vivre avec ses sœurs en communauté. Avec elles, elle fut mise en arrestation et conduite, le 2 mai 1794, dans la prison d'Orange. Elle comparut devant ses juges le 11 juillet. Parce qu'elle était insermentée et fanatique, elle fut condamnée à mort. En entendant sa sentence, elle fut transportée de joie, et tirant de sa poche une boîte de dragées, qu'elle distribua aux condamnées avec elle, elle leur dit: *Ce sont les dragées de nos noces.*

Comme il sera prouvé.....

24. C'est la vérité que la *sœur SAINTE THÉOTISTE (Marie-Elizabeth PELISSIER)* naquit à Bollène, le 15 avril 1741, et y fut baptisée le lendemain. Elle entra au couvent du Saint-Sacrement de cette ville, le 9 mars 1758, elle reçut l'habit religieux, le 20 juin suivant, et fit profession le 25 juin 1759.

Elle remplissait les fonctions d'économe, lorsqu'elle fut avec ses sœurs expulsée de son couvent. Elle fut avec elles mise en arrestation et conduite à la prison d'Orange, le 2 mai 1794. Elle fut jugée, condamnée à mort et guillotinée, le 11 juillet. Après son jugement, elle fut menée dans la prison du Cirque, et là, en attendant d'être conduite à l'échafaud, elle chanta les vers qu'elle avait composés sur la guillotine. Elle alla à la mort en chantant le *Magnificat*.

Comme il sera prouvé.

25. C'est la vérité que la *sœur SAINT-MARTIN (Marie-Claire BLANC)* naquit et fut baptisée à Bollène, le 17 janvier 1742. Elle entra au couvent du Saint-Sacrement de cette ville, le 1er janvier 1761, elle y reçut l'habit religieux le 1er juin suivant, et fit profession le 5 décembre 1762.

Elle partagea les privations et les souffrances de ses sœurs dont elle ne voulut jamais se séparer. Transférée, le 2 mai 1794, dans la prison d'Orange, le 11 juillet, elle fut jugée et condamnée à mort parce qu'elle n'avait pas voulu prêter serment. Elle fut guillotinée le même jour.

Comme il sera prouvé.

26. C'est la vérité que la *sœur SAINTE-SOPHIE (Marie-Marguerite DE BERBEGIE D'ALBARÈDE)*, naquit, le 8 octobre 1740, à St-Laurent de Carnols (Gard) et y fut baptisée le lendemain. Elle entra au couvent des Ursulines du Pont-Saint-Esprit, et quand elle fut expulsée de son couvent, elle se réfugia chez les Ursulines de Bollène. Elle fut avec elles mise en arrestation et conduite dans la prison d'Orange. Le 11 juillet, elle fut jugée, condamnée à mort et guillotinée parce qu'elle était insermentée et fanatique.

Comme il sera prouvé.

27. C'est la vérité que la *sœur ROSE DE SAINT-XAVIER (Madeleine-Thérèse TALIEU)* naquit et fut baptisée à Bollène le 13 septembre 1746. Elle entra au couvent du Saint-Sacrement de cette ville, le 21 septembre 1770, elle y reçut l'habit religieux, le 3 décembre suivant, et y fit profession, le 5 décembre 1771.

Expulsée de son couvent, elle continua de vivre en communauté avec ses sœurs. Elle fut aussi, le 2 mai 1794, conduite dans la prison d'Orange. Le 12 juillet, elle fut jugée, condamnée à mort, et guillotinée, parce qu'elle n'avait pas voulu prêter serment.

Comme il sera prouvé.

28. C'est la vérité que la *sœur DU BON ANGE (Marie CLUZE)* naquit à Bouvante (Drôme), le 5 décembre 1761, et y fut baptisée le len-

demain. Elle entra au couvent du Saint-Sacrement de Bollène, en qualité de sœur converse, le 15 août 1781 ; elle y reçut l'habit religieux le 15 octobre de l'année suivante, et y fit profession, le 4 novembre 1783. Lorsque ses sœurs furent expulsées de leur couvent, elle ne voulut jamais les quitter. Avec elles, elle fut conduite, le 2 mai 1794, dans la prison d'Orange. Elle fut jugée et guillotinée le 12 juillet. Arrivée au pied de l'échafaud, le bourreau lui proposa de l'épouser. « *Bourreau*, lui dit-elle, *fais ton devoir, parce que je veux, ce soir, aller souper avec les Anges.* »
Comme il sera prouvé.

29. C'est la vérité que la *sœur MARIE DE SAINT-HENRI (Marguerite-Eléonore DE JUSTAMOND)*, naquit à Bollène, le 12 janvier 1746, et y fut baptisée le 15 du même mois. Elle fut admise dans l'Ordre de Citeaux, à l'abbaye de Sainte-Catherine à Avignon, et après y avoir passé un an et quelques jours, comme novice, elle fit profession, le 12 janvier 1766. En 1790, lorsque la Révolution éclata à Avignon, elle fut forcée à sortir de son couvent, elle se retira à Bollène et se joignit aux Religieuses qui résidaient dans cette ville ; elle fut avec elles mise en arrestation et transférée dans la prison d'Orange, le 2 mai 1794. Elle refusa de prêter le serment prescrit par la loi du 9 nivôse, elle fut jugée, condamnée et guillotinée le 12 juillet.
Comme il sera prouvé,

30. C'est la vérité que la *sœur SAINT-BERNARD, (Jeanne DE ROMILLON)*, naquit et fut baptisée à Bollène, le 2 juillet 1753. Elle entra et fit profession au couvent des Ursulines du Pont-Saint-Esprit. Lorsque la Révolution l'obligea à sortir de son couvent, elle se retira à Bollène. Avec les religieuses qui résidaient dans cette ville, elle fut mise en arrestation et transférée dans la prison d'Orange, le 2 mai 1794. Elle fut jugée, condamnée et guillotinée le samedi 12 juillet. Depuis longtemps elle demandait à la sainte Vierge de mourir un samedi ou un jour de ses fêtes. Elle fut exaucée. Elle fut au comble de la joie : « *Oh ! quel bonheur*, s'écriait-elle, *je serai bientôt au ciel !* »
Comme il sera prouvé.

31. C'est la vérité que la *sœur MADELEINE DE LA MÈRE DE DIEU (Elizabeth VERCHIÈRE)*, naquit à Bollène, le 2 janvier 1769, et y fut baptisée le lendemain. Elle fut admise au couvent du Saint-Sacrement de cette ville, le 1ᵉʳ novembre 1778, elle y reçut l'habit religieux, le 12 février suivant, et y fit profession, le 21 février 1790. Expulsée de son couvent deux ans après, elle continua de vivre en communauté avec ses sœurs, et fut conduite avec elles, le 2 mai 1794, dans la prison d'Orange.

Malgré sa jeunesse, de grand cœur elle donna sa vie pour rester fidèle à Jésus-Christ. Elle fut jugée, condamnée et guillotinée le 13 juillet.

Comme il sera prouvé.

32. C'est la vérité que la *sœur DE L'ANNONCIATION (Thérèse-Henriette FAURIE*), naquit à Sérignan, près Orange, le 13 février 1770, et y fut baptisée le lendemain. A l'âge de 18 ans, elle fut admise, le 22 mai 1788, au couvent du Saint-Sacrement de Bollène, où elle reçut l'habit religieux, le 13 novembre suivant, et où elle fit profession, le 17 novembre 1789. Quoique la plus jeune, elle fut une des plus fermes ; et quand on la força à sortir de son couvent elle continua de vivre en communauté. Son père ayant été emprisonné à Orange, et ses trois frères étant partis pour l'armée, elle vint à Sérignan consoler sa mère. Elle n'y resta pas longtemps. Le 10 mai, elle fut mise en arrestation et conduite dans la prison d'Orange. Comme sa mère et ses deux jeunes sœurs se lamentaient en la voyant partir, elle leur dit : « *S'il faut savoir vivre pour Dieu, il faut aussi savoir mourir pour lui.* » Elle fut jugée le 13 juillet. Le juge insistait pour lui faire prêter serment. « *J'ai fait serment à Dieu,* répondit-elle, *je n'en ferai pas d'autre.* » Elle exhortait ses compagnes; « *Courage,* leur disait-elle, *les portes du ciel vont s'ouvrir pour nous recevoir.* » — Arrivée sur l'échafaud, elle entend la voix de sa jeune sœur Madeleine. « *Adieu,* lui dit-elle, *embrasse notre mère, et au revoir au ciel, où je vais vous attendre!* »

Comme il sera prouvé.

33. C'est la vérité que la *sœur SAINT-ALEXIS (Anne-Andrée MINUTTE*), naquit et fut baptisée à Sérignan, le 4 février 1740. Après la mort de sa mère, elle entra, le 20 novembre 1759, au couvent du Saint-Sacrement de Bollène, où elle reçut l'habit religieux le 20 mai suivant, et fit profession le 26 mai 1761. Forcée de sortir de son couvent en 1792, elle s'était retirée dans sa famille à Sérignan; c'est là qu'elle fut mise en arrestation et conduite le 10 mai 1794, dans la prison d'Orange, où elle retrouva ses compagnes de Bollène. Elle fut jugée, condamnée et guillotinée le 13 juillet.

Comme il sera constaté.

34. C'est la vérité que la *sœur SAINT-FRANÇOIS (Marie-Anne LAMBERT*), naquit à Pierrelatte (Drôme) le 17 août 1742, et y fut baptisée le même jour. Elle fut reçue au couvent des Ursulines de Bollène, où elle fit profession, comme sœur converse, le 8 octobre 1765. Elle ne se trouvait pas à Bollène, le 2 mai 1794, lorsque ses sœurs furent transférées à la prison d'Orange. Elle y fut amenée le 12 juin suivant.

Elle comparut devant les juges, le 13 juillet, avec sa Supérieure Mme de Roquard et quatre autres religieuses ; elles furent toutes condamnées à mort et guillotinées le même jour.

Comme il sera prouvé.

35. C'est la vérité que la *sœur SAINTE-FRANÇOISE*, (*Marie-Anne DEPEYRE*) naquit à Tulette (Drôme), le 2 octobre 1756, et y fut baptisée le lendemain. Elevée dans une famille chrétienne, elle fut très pieuse et eut une grande dévotion à la sainte Vierge. Agée de 24 ans, elle fut admise, en 1781, comme sœur converse, chez les Ursulines de Carpentras. Lorsque la Révolution la fit sortir de son couvent, elle revint à Tulette, où elle continua de donner l'exemple de toutes les vertus, Elle n'avait pas voulu prêter serment, et c'est pour ce motif, qu'elle fut mise en arrestation, le 27 mars 1774, et emprisonnée d'abord à Visan. Le lendemain elle fut conduite à la prison d'Orange où elle se prépara à la mort. Dieu lui en avait fait connaître le jour. Le 12 juillet elle disait transportée de joie : « *Quel bonheur ! nous allons voir notre époux.* » Le lendemain elle fut jugée, condamnée et guillotinée.

Comme il sera prouvé.

36. C'est la vérité que la *sœur SAINT-GERVAIS*, (*Marie-Anastasie DE ROQUARD*) naquit et fut baptisée à Bollène le 5 octobre 1749. Elle fut admise au couvent des Ursulines de cette ville, où elle fit profession le 24 juin 1766. Elle remplissait les fonctions de dépositaire en 1792, et celle de Supérieure, lorsque la Révolution éclata. En octobre 1792, elle fut obligée de sortir de son couvent avec toutes ses sœurs, mais elle put les réunir et vivre avec elles en communauté. Elles refusèrent de prêter le serment, en avril 1794, mises en arrestation, elles furent conduites, le 2 mai à la prison d'Orange. Elle continua d'édifier et de diriger ses compagnes. Le 13 juillet, elle fut traduite devant ses juges avec cinq religieuses. Elle comparut devant eux avec autant de calme et de dignité, que si elle avait remplie une des plus importantes fonctions de sa charge. Elles furent toutes condamnées à mort. Comme *insermentées, réfractaires et fanatiques*. La *sœur Saint-Gervais* fut guillotinée la dernière.

Comme il sera prouvé.

37. C'est la vérité que la *sœur AIMÉE DE JÉSUS*, (*Marguerite-Rose DE GORDON*), naquit à Mondragon, le 29 septembre 1733, et y fut baptisée le lendemain. Elle n'avait que quatre ans, quand sa mère mourut, et alors elle fut confiée par son père aux Religieuses du Saint-Sacrement de Bollène. Elle ne voulut plus les quitter ; elle fut admise à revêtir l'habit religieux, le 15 février 1751, et à la profession religieuse, lc 20 février de l'année suivante. Elle remplissait la charge d'assistante quand la révolution s'empara de son monastère. Elle continua de vivre avec ses sœurs en communauté, et lorsque sa Supérieure, Mme de la Fare fut forcée de quitter Bollène, la sœur Aimée de Jésus la remplaça avec beaucoup de dévouement. Avec ses sœurs, elle refusa deux fois de prêter serment, et elle fut du nombre des Religieuses qui furent transférées, le 2 mai, à la prison d'Orange. Elle fut jugée, condamnée et guillotinée, le 16 juillet.

Comme il sera prouvé.

38. C'est la vérité que la *sœur MARIE DE JÉSUS, (Thérèse-Marguerite CHARRANSOL*), naquit et fut baptisée à Richerenches, le dernier jour du mois de février 1758. Elle était jeune encore, lorsque son père et sa mère moururent. Son frère, Jean-Esprit Charransol, prêtre à Bollène, la confia aux Religieuses du Saint-Sacrement de cette ville, qui l'admirent le 26 juillet 1780, aux épreuves de la postulance, le 14 novembre suivant, à la prise d'habit, et le 15 novembre 1781, à la profession religieuse. Expulsée de son couvent en 1792, elle continua de vivre en communauté avec ses sœurs, refusa de prêter le serment prescrit et fut transférée, le 24 mai 1794, à la prison d'Orange, où elle fut jugée, condamnée et guillotinée le 16 juillet.

Comme il sera prouvé.

39. C'est la vérité que la *sœur SAINT-JOACHIM, (Marie-Anne BEGUIN-ROYAL*), naquit, en 1736, à Vals-Sainte-Marie, paroisse de Bouvante en Dauphiné. Agée de 24 ans, elle fut admise, le 1er novembre 1759, comme postulante au couvent du Saint-Sacrement de Bollène. Elle y reçut l'habit religieux le 20 mai suivant, et y fit profession en qualité de sœur converse, le 26 mai 1761. Elle attira dans sa Communauté trois de ses nièces, dont une, Marie Cluse, fut guillotinée quatre jours avant elle. La sœur Saint Joachim ne voulut jamais se séparer de ses sœurs : elle fut conduite avec elles, le 2 mai 1794, à la prison d'Orange ; elle fut jugée, condamnée et guillotinée le 16 juillet.

Comme il sera prouvé.

40. C'est une vérité que la *sœur SAINT-MICHEL, (Marie-Anne DOUX*), naquit et fut baptisée à Bollène, le 8 avril 1739. Elle fut reçue au couvent des Ursulines de cette ville, où elle fit profession, en qualité de sœur converse, le 30 juin 1761. Pendant la Révolution, elle resta toujours avec ses sœurs. Conduite, le 2 mai 1794, à la prison d'Orange, elle fut jugée, condamnée et guillotinée le 16 juillet.

Comme il sera prouvé.

41. C'est la vérité que la *sœur SAINT-ANDRÉ*, (*Marie-Rose LAYE*), naquit et fut baptisée à Bollène, le 26 septembre 1728. Elle fut admise, comme sœur converse, au couvent des Ursulines de sa ville natale, et elle y fit profession le 14 janvier 1753. Elle ne se sépara jamais de ses compagnes, elle les suivit jusqu'à la prison, jusqu'à l'échafaud. La veille de sa mort, elle était fort triste : « *Je crains*, dit-elle, *que Dieu ne me juge pas digne du martyre.* » Le lendemain, 16 juillet, sa tristesse fut changée en joie, lorsqu'elle fut appelée devant ses juges. Le président la pressait de prêter serment. « *Non*, répondit-elle, *je ne le prêterai pas, ma conscience et la loi de mon Dieu me le défendent.* » Condamnée à mort, elle alla joyeuse à la guillotine.

Comme il sera prouvé.

42. C'est la vérité que la *sœur DU CŒUR DE MARIE*, (*Dorothée-Madeleine-Julie DE JUSTAMOND*), naquit et fut baptisée à Bollène, le 27 mai 1743. Elle fut admise au couvent des Ursulines de Pernes, où elle fit profession. Obligée de sortir de son couvent en 1792, elle se retira dans son pays natal, où elle trouva sa tante ursuline du Pont-Saint-Esprit et ses deux sœurs cisterciennes de l'abbaye de Sainte-Catherine à Avignon. Elles s'unirent aux Religieuses de Bollène, et furent avec elles transférées à la prison d'Orange. La sœur du *Cœur de Marie* fut jugée, condamnée et guillotinée le 16 juillet.

Comme il sera prouvé.

43. C'est la vérité que la *sœur MADELEINE DU SAINT-SACRE-MENT*, (*Madeleine-Françoise DE JUSTAMOND*), naquit à Bollène le 26 juillet 1754, et y fut baptisée le lendemain. Elle suivit sa sœur *Marguerite-Eléonore* à l'abbaye de Sainte-Catherine à Avignon, où elle fit profession le 24 octobre 1773. A la suppression de son Ordre, elle vint se réunir aux Religieuses de Bollène. Avec elles, elle fut arrêtée et conduite à la prison d'Orange. Le 16 juillet, elle comparut devant ses juges, avec sa sœur Dorothée et cinq autres religieuses, et elles furent toutes condamnées à mort. Depuis quinze ans, la sœur *Madeleine du Saint-Sacrement* demandait à la sainte Vierge la grâce de mourir le jour d'une de ses fêtes. Elle fut exaucée, elle fut guillotinée, le 16 juillet, fête de Notre-Dame du Mont-Carmel. Après avoir entendu prononcer sa sentence, elle dit en présence de ses gardes : « *Nous avons plus d'obligations à nos juges, qu'à nos pères et mères, qui ne nous ont donné qu'une vie temporelle, au lieu que nos juges nous procurent une vie éternelle. Oh ! quel bonheur !* disait-elle, *je suis bientôt au ciel ; je ne puis soutenir les sentiments de ma joie.* »

Comme il sera prouvé.

44. C'est la vérité que la *sœur MARIE DE SAINT-AUGUSTIN,* (*Marie-Marguerite BONNET*), naquit et fut baptisée à Sérignan, le 18 juin 1719. Après la mort de ses parents, elle entra au couvent du Saint-Sacrement de Bollène où elle prit l'habit religieux, le 24 mai 1751, et fit profession le 29 mai de l'année suivante. Obligée, en 1792, de sortir de son monastère, elle continua de vivre en communauté avec ses sœurs. Mise en arrestation le 22 avril 1794, elle ne put être transférée à la prison d'Orange le 2 mai, parce qu'elle était malade. Elle y fut conduite le 15 juillet, et le 26 du même mois, elle comparut devant ses juges, qui sans égard pour ses 75 ans, la condamnèrent à mort, et la firent guillotiner.

Comme il sera prouvé.

45. C'est la vérité que la *sœur CATHERINE DE JÉSUS* (*Marie-Madeleine DE JUSTAMOND*) naquit et fut baptisée à Bollène, le 10 septembre 1724. Elle entra et fit profession au couvent des Ursulines de Pont-Saint-Esprit, et lorsque, après y avoir passé de nombreuses années, la révolution l'obligea d'en sortir, elle vint se joindre aux Ursulines de son pays natal. Elle refusa de prêter serment, et quoique âgée de 70 ans, elle fut transférée le 2 mai, dans la prison d'Orange, avec ses trois nièces qui furent jugées et guillotinées avant elle. Elle comparut le 26 juillet, devant ses juges, qui la condamnèrent et la firent guillotiner ce même jour.

Comme il sera prouvé.

46. C'est la vérité que la *sœur SAINT-BASILE,* (*Anne CARTIER*), naquit et fut baptisée à Livron (Drôme), le 19 novembre 1733. Elle entra et fit profession au couvent des Ursulines du Pont-Saint-Esprit. Quand elle fut forcée par la Révolution d'en sortir, elle fut reçue par les Ursulines de Bollène. Elle ne se sépara plus d'elles. Ayant refusé de prêter serment, elle fut conduite, le 2 mai 1794, dans la prison d'Orange. Le 26 juillet, fête de Sainte-Anne, sa patronne, elle comparut devant ses juges, qui la condamnèrent à mort, et la firent guillotiner.

Comme il sera prouvé.

47. C'est la vérité que la *sœur SAINTE-ROSALIE,* (*Marie-Claire DUBAC*), naquit à Laudun (Gard), le 9 janvier 1727, et y fut baptisée, le 16 du même mois. Sa famille étant venue habiter Bollène, elle entra au couvent des Ursulines de cette ville et y fit profession le 12 février 1746. Expulsée de son monastère, elle continua de vivre en communauté avec ses sœurs, elle refusa de prêter serment, et fut conduite dans la prison d'Orange, le 2 mai 1794. Elle comparut devant ses juges, le 26 juillet.

— Qui es-tu? lui demanda le président. *— Je suis religieuse et le serai jusqu'à la mort. — Veux-tu prêter serment? — Non,* dit-elle, *ma conscience me le défend.* Sur cette réponse, elle fut condamnée à mort, et guillotinée le même jour.

Comme il sera prouvé.

48. C'est la vérité que la *sœur du CŒUR DE JÉSUS (Elisabeth-Thérèse CONSOLIN),* naquit et fut baptisée à Courthézon, le 6 juin 1736. Elle entra et fit profession au couvent des Ursulines de Sisteron. Elle était Supérieure de ce monastère, lorsque la Révolution éclata. Elle resta à la tête de sa Communauté aussi longtemps que possible. Le 6 août 1791, on ferma leur chapelle ; le 10 septembre suivant, on arracha les grilles de leur chœur. Alors les Religieuses ne purent plus rester dans leur monastère ; elles en sortirent le 27 septembre.

La sœur du *Cœur de Jésus Thérèse Consolin,* se retira dans sa famille à Courthézon, où elle continua de remplir tous ses devoirs de catholique et de religieuse. Plusieurs fois on lui demanda de prêter serment, elle s'y refusa toujours. Pour ce motif, elle fut dénoncée par deux officiers municipaux, et le comité de surveillance lança un mandat d'arrêt contre elle, et la fit transférer à la prison d'Orange, le 25 mars 1794. Elle fut ainsi la première religieuse emprisonnée, et elle fut la dernière de celles qui furent jugées et guillotinées. Elle comparut devant ses juges le 26 juillet. « *Qui es-tu?* lui demanda le président Fauvety. — *Je suis,* répondit-elle, *fille de l'Eglise. — Veux-tu prêter serment? — Jamais ! Ma municipalité me l'a demandé, je l'ai refusé, parce que ma conscience me le défend. — La loi te l'ordonne. — La loi humaine ne peut me commander des choses opposées à la loi divine.* » On ne put vaincre sa fermeté. Elle fut condamnée à mort avec quatre religieuses. Elles allèrent à la guillotine, en chantant des cantiques d'action de grâces.

Comme il sera prouvé.

49. C'est la vérité que les 32 Religieuses de Bollène ont toujours été regardées comme *vraies martyres.* Elles étaient elles-mêmes persuadées que leur mort était un vrai martyre, et les introduisait immédiatement dans le Ciel.

Comme il sera prouvé.

50. C'est la vérité que plusieurs des plus anciennes Relations manuscrites de leur mort ont pour titre: *Martyre des Religieuses de Bollène.*

Que la Relation imprimée à Rome, en 1795, dit que les Religieuses, en arrivant dans la prison, se préparèrent *à faire à Dieu le grand sacrifice de leur vie,* que chaque fois que quelques-unes d'entre elles consommaient leur sacrifice, les survivantes se réjouissaient, et se félicitaient de ce que leurs sœurs immolées venaient de monter au ciel.

Comme il sera prouvé.

51. C'est la vérité que la Rév. Mère de la Fare, Supérieure des Sacramentines de Bollène, a toujours et jusque sur son lit de mort, en 1828, regardé, envié et invoqué ses 13 Religieuses guillotinées à Orange, comme de vraies martyres.

Comme il sera prouvé.

52. C'est la vérité, qu'au couvent du Saint-Sacrement de Bollène, on conserve le registre des décès des sœurs, depuis la fondation du monastère, et que dans ce registre, à sa place, en 1794, il y a *l'acte du décès* des 13 sœurs Sacramentines, avec le titre de : MORTUAIRE TRIOMPHANT, parce que leur mort était regardée comme un vrai martyre.

Comme il sera prouvé.

53. C'est la vérité que dans les archives des Couvents du Saint-Sacrement à Bollène, à Avignon et à Carpentras, il y a des manuscrits qui attestent qu'on n'a pas cessé de regarder, comme martyres, les Religieuses guillotinées à Orange, en 1794.

Comme il sera prouvé.

54. C'est la vérité que, jusqu'en 1815, les Gouvernements qui s'étaient succédé en France, imposaient le silence sur les martyrs de la Révolution, et prohibaient l'impression des livres, où l'on parlait de leur mort glorieuse ; mais à partir de la Restauration, tous les historiens, tous les auteurs qui ont écrit sur les victimes de la Révolution, ont parlé des 32 Religieuses guillotinées à Orange, et les ont appelées martyres. Parmi ces auteurs on peut citer :

En 1820 : *l'abbé Carron : les Confesseurs de la Foi.*

En 1821 : *l'abbé Guillon ; les Martyrs de la Foi.*

M. Picot : Mémoires pour servir à l'histoire ecclésiastique.

Rohrbacher : Histoire de l'Eglise.

En 1862, *l'abbé Granget : Histoire du diocèse d'Avignon ;*

En 1864 : *le Père Marie-Ambroise Potton,* dominicain : *Œuvres choisies du Père Antoine ;*

En 1865 : *M. Fernand Michel : Dix-huit ans chez les sauvages ;*

En 1875 : *De Beaumefort : Histoire de la Commission populaire d'Orange.*

En 1883 : *M. le chanoine Grimaud,* curé de Sorgues, *poésie provençale* sur les Religieuses guillotinées à Orange ;

En 1888: *M. l'abbé S. Bonnel : les 332 victimes* de la Commission populaire d'Orange, d'après les documents officiels;

En 1888: *M. le chanoine Bouyac*, curé de Saint-Pierre, à Avignon: *Vie de la Rév. Mère de la Fare.*

En 1891: *M. le Comte A. de Pontbriant : Histoire de la Principauté d'Orange.*

Comme il sera prouvé.

55. C'est la vérité que, dans les familles des 32 Religieuses, leur nombreux petits neveux et petites nièces ont toujours regardé leurs tantes, comme de vraies martyres, ont invoqué leur protection en ont ressenti les effets, surtout pour conserver leur fidélité à leurs devoirs religieux, et pour faire germer et fructifier parmi eux de nombreuses vocations sacerdotales et religieuses. Ne pouvant discerner leurs ossements, qui sont mêlés et confondus avec les os et les cendres des autres victimes de la Commission populaire d'Orange, toutes ensevelies dans les fosses creusées au champ de Laplane, ils gardent et se transmettent de génération en génération, comme des reliques, les livres, les meubles, et autres objets qui ont été à l'usage de ces dignes servantes de Dieu.

Comme il sera prouvé.

56. C'est la vérité qu'en 1894, dans les paroisses de Notre-Dame à Orange, et de Saint-Siffrein, à Carpentras; dans plusieurs monastères des Religieuses Ursulines à Valréas, à Lyon, à Saint-Sever, et dans les couvents des Sœurs' du Saint-Sacrement à Bollène, à Avignon, à Carpentras, à Marseille, à Aix, à Saint-Rémy en Provence, à Bernay, diocèse d'Evreux et à Taunton en Angleterre, on a célébré le centenaire de la mort des 32 Religieuses guillotinées à Orange, en juillet 1794; et que cette fête a bien démontré qu'on n'avait pas cessé de les regarder comme de vraies martyres. Il n'y a rien eu de triste ni de lugubre dans ces cérémonies: on ne priait pas pour ces religieuses, on aurait cru leur faire injure. On était plutôt attiré à les invoquer en particulier; on ne leur a adressé aucun culte; on n'a pas exposé leurs images à la vénération publique, mais les prédicateurs ont fait leur panégyrique, ont présenté les beaux exemples de leurs vertus et de leur généreux sacrifice, à l'imitation des fidèles, et ils ont exprimé le désir et l'espoir que l'Eglise ne tardera pas d'inscrire les noms de ces 32 servantes de Dieu, sur son catalogue des Vierges martyres. Ces fêtes se sont terminées par le chant du *Te Deum*, pour remercier Dieu d'avoir accordé à ces 32 Religieuses la grâce d'une mort si glorieuse.

Comme il sera prouvé.

57. C'est la vérité que la mort des 32 Religieuses, guillotinées à Orange, réunit toutes les conditions requises par l'Eglise, pour être reconnue comme un vrai martyre.

1° Elles ont certainement souffert la mort, elles ont été guillotinées sur la place publique de la Justice à Orange; c'est attesté par toutes les Relations, par les historiens et par les pièces officielles de leurs *Actes de décès*, qui existent à l'état-civil de la ville d'Orange, et par leur *Mortuaire triomphant* sur le Registre des décès des Sacramentines de Bollène.

Comme il sera constaté.

58. C'est la vérité que: 2° les 32 Religieuses ont été persécutées et guillotinées en haine de la Religion. Les persécuteurs les ont dépouillées de leurs biens, expulsées de leurs monastères et réduites à la misère parce qu'elles étaient Religieuses. Les agents de Robespierre les ont mises en arrestation à Bollène et emprisonnées à Orange, parce qu'elles étaient *fanatiques* et propageaient le *fanatisme*, c'est-à-dire la fidélité à l'accomplissement des devoirs de la Religion catholique, et parce qu'elles avaient fermement refusé de prêter le *serment de Liberté-Egalité*, qui était prescrit par la loi du 9 nivose, et que leur conscience réprouvait; à cette époque où le gouvernement n'admettait que le culte impie de la *déesse Raison*, ou de l'Etre Suprême, les Religieuses, en prêtant ce serment, auraient cru apostasier et donner un énorme scandale.

La Commission populaire d'Orange, nommée par Robespierre, les a condamnées à mort, et fait guillotiner, uniquement pour ces deux motifs: leur *fanatisme* et leur *refus* de prêter le serment prescrit par la loi. — « Prête serment, leur disait le Président du tribunal, et je te déclarerai innocente. », indiquant bien ainsi le sens qu'il attachait à ce serment. Les Religieuses, en le prêtant, se seraient ravalées au rang de prêtres apostats et des fonctionnaires impies, qu'elles avaient vus empressés de le prêter, elles auraient ainsi cessé de *contrarier la marche de la Révolution et d'en être les ennemies*, ce qui était le *crime* que Robespierre et le Comité de Salut public *ordonnaient de punir de mort*.

Comme il sera prouvé.

59. C'est la vérité que: 3° les 32 Religieuses guillotinées à Orange supportèrent patiemment la persécution, la perte de leurs biens et les privations qu'elles eurent à endurer; que lorsqu'elles virent qu'on allait les emprisonner, et qu'une mort prochaine leur était réservée, elles ne cherchèrent pas à fuir. Elles restèrent en état d'arrestation dans les maisons qu'elles habitaient, se soumettant à tout;

Que lorsqu'elles furent emprisonnées à Orange, elles ne firent entendre aucune plainte, et ne songèrent qu'à se préparer à la mort, que le persécuteur allait leur faire subir. Elles la désiraient, elles enviaient le sort de celles qui étaient appelées les premières devant le tribunal, condamnées et guillotinées le même jour.

En refusant, pour rester fidèles à Dieu, de prêter le serment qu'on leur demandait, au nom de la loi, elles savaient bien que leur refus allait être suivi de leur condamnation à mort; mais elles étaient d'une fermeté invincible, et lorsqu'elles étaient condamnées à mort, elles l'acceptaient avec joie, elles remerciaient leurs juges qui leur procuraient le bonheur du ciel, elles rendaient le courage à ceux qui venaient d'être condamnés dans la même séance, et elles leur donnaient l'exemple, elles allaient à l'échafaud en chantant, en louant Dieu, jusqu'au moment où le couperet de la guillotine leur tranchait le cou; sans faiblesse, sans hésitation, de tout leur cœur, *corde magno et animo volenti*, elles faisaient à Dieu le sacrifice de leur vie; elles savaient que leur mort était un vrai martyre qui les introduisait immédiatement au ciel.

Comme il sera prouvé.

Avignon. — Aubanel Frères, Imprimeurs de N. S. P. le Pape et de Mgr l'Archevêque.